clara

Kurze lateinische Texte
Herausgegeben von Hubert Müller

Heft 9

Römische Mädchen und Frauen

Bearbeitet von Ursula Blank-Sangmeister

Mit 11 Abbildungen

Vandenhoeck & Ruprecht

ISBN 978-3-525-71708-0

2. Auflage

© 2012, 2006, 2002 Vandenhoeck & Ruprecht GmbH & Co. KG, Göttingen
Vandenhoeck & Ruprecht LLC, Bristol, CT, U.S.A.
www.v-r.de
Alle Rechte vorbehalten. Das Werk und seine Teile sind urheberrechtlich
geschützt. Jede Verwertung in anderen als den gesetzlich zugelassenen Fällen
bedarf der vorherigen schriftlichen Einwilligung des Verlages.
Printed in Germany.

Redaktion: Jutta Schweigert, Göttingen
Gestaltung: Markus Eidt, Göttingen
Satz und Lithos: Dörlemann, Lemförde
Druck und Bindung: ⊕ Hubert & Co, Göttingen

Gedruckt auf chlorfrei gebleichtem Papier

Abbildungsnachweis: S. 4, S. 33: J. Schweigert, Göttingen; S. 23: Louvre –
© Foto RMN-Chuzeville; S. 37: Saalburgmuseum (Foto: P. Knierriem);
alle anderen Abbildungen: H. Müller, Sasbach.

Liebe Schülerin, lieber Schüler!

Die vorliegende Ausgabe soll dir zeigen, dass es in der römischen Gesellschaft bestimmte Vorstellungen gab, wie Mädchen und Frauen idealerweise sein sollten und wie sie sich sowohl im Privatleben als auch in der Öffentlichkeit zu verhalten hatten. Du wirst aber auch sehen, dass sie diesen Normen natürlich nicht immer entsprochen haben und wie diese Normverstöße von den antiken Autoren bewertet werden.

Die Texte sollen dich zum einen über die römischen Gegebenheiten informieren und dich außerdem, wenn du die römischen mit unseren Auffassungen vergleichst, dazu anregen, über heutiges weibliches (und männliches) Rollenverhalten nachzudenken. Um dir bei der Übersetzung der – stellenweise gekürzten – Originaltexte zu helfen, unterstützen wir deine Arbeit folgendermaßen:

- Längere Sätze sind nach Sinneinheiten gesetzt; dadurch wird der Überblick erleichtert.
- In der rechten Spalte sind die Wörter angegeben, die in *Lumina* oder *Latinum, Ausgabe B* nicht vorkommen. Wörter aus dem Grund- und Aufbauwortschatz sind dabei rot hervorgehoben; sie sind als Lernvokabeln gedacht und werden nur bei ihrem ersten Vorkommen aufgeführt. Am Ende des Heftes sind sie noch einmal alphabetisch zusammengestellt.
- Die Fragen und Aufgaben helfen die Texte zu erschließen und zu verstehen.

Inhalt

Das Ideal

Ehefrauen

Catull und seine Geliebte

Martial und die Frauen

Die schlimmen Frauen?

Das Ideal

1 Welche Rollen haben Männer und Frauen?

Columella, De re rustica 12, praefatio 1–6

Xenophon Atheniensis eo libro,
qui Oeconomicus inscribitur,
prodidit maritale coniugium
sic comparatum esse natura,
5 ut non solum iucundissima,
verum etiam utilissima vitae societas iniretur;

nam primum quidem, quod etiam Cicero ait,
ne genus humanum temporis longinquitate occideret,
propter hoc marem cum femina esse coniunctum;

10 deinde ut ex hac eadem societate
mortalibus adiutoria senectutis
nec minus propugnacula praepararentur.

Iure natura comparata est mulieris
ad domesticam diligentiam,
15 viri autem ad exercitationem forensem et extraneam.

Itaque viro calores et frigora perpetienda,
tum etiam itinera et labores pacis ac belli,
id est rusticationis et militarium stipendiorum,
deus tribuit;
20 mulieri deinceps,

Xenophōn: griech. Autor (um 400 v. Chr.)
Athēniēnsis, is *m.*: Athener
Oeconomicus: »Der Haushalter«
īnscrībere, scrīpsī, scrīptum: betiteln
prōdere: *hier:* berichten
marītāle coniugium: eheliche Verbindung, Ehe
sīc *Adv.*: so
comparāre: (vor)bereiten; einrichten
nōn sōlum … vērum etiam: nicht nur … sondern auch
iūcundus: angenehm
societās, ātis *f.*: Bündnis
prīmum *Adv.*: zuerst, erstens
ait: er sagt/sagte
longinquitās, ātis *f.*: Länge, Dauer
occidere, cidī, cāsum: untergehen
mās, maris *m.*: Mann
coniungere, iūnxī, iūnctum: verbinden
adiūtōrium: Hilfe, Stütze
nec: und nicht, auch nicht, aber nicht
minus *Adv.*: weniger
prōpūgnāculum: Schutz, Bollwerk
praeparāre: vorbereiten, zur Verfügung stellen
mulier, eris *f.*: Frau
domesticus: häuslich
dīligentia: Sorgfalt; Obhut
virī: *erg.* nātūra
exercitātiō, ōnis *f.*: Tätigkeit
forēnsis, e: in der Öffentlichkeit
extrāneus: außerhalb des Hauses
calor, ōris *m.*: Wärme, Hitze
frīgus, oris *n.*: Kälte
perpeti, ior, pessus sum: ertragen, aushalten
rūsticātiō, ōnis *f.*: Landwirtschaft
mīlitāre stīpendium: Kriegsdienst
deinceps *Adv.*: dann, wiederum

quod omnibus his rebus eam fecerat inhabilem,
domestica negotia curanda tradidit.
Et quoniam hunc sexum
custodiae et diligentiae adsignaverat,
25 idcirco timidiorem reddidit quam virilem.

Quod autem necesse erat
foris et in aperto victum quaerentibus
nonnumquam iniuriam propulsare,
idcirco virum quam mulierem fecit audaciorem.

30 Tum vero,
quod simplex natura
non omnīs res commodas amplecti valebat,
idcirco alterum alterius indigere voluit,
quoniam, quod alteri deest, praesto plerumque est alteri.

inhabilis, e + *Dat.*: untaug-
lich, ungeeignet für
quoniam: weil ja, da ja
sexus, ūs *m.*: Geschlecht
cūstōdia: Obhut, Schutz (des
Hauses)
adsīgnāre + *Dat.*: bestimmen
zu
idcircō *Adv.*: deshalb
reddere, reddidī, redditum:
zurückgeben; machen (zu)
virīlis, e: männlich
necesse est: es ist nötig
forīs *Adv.*: draußen
in apertō: unter freiem
Himmel
vīctus, ūs *m.*:
Lebensunterhalt, Nahrung
nōnnumquam *Adv.*:
manchmal
prōpulsāre: zurückschlagen,
abwehren
vērō: aber
simplex nātūra: ein
Wesen/ein Geschlecht für
sich allein
commodus *prädikativ*:
angemessen
amplectī, or, amplexus sum:
umfassen, bewältigen
valēre: stark/imstande sein
indigēre alicuius: jdn. nötig
haben, jdn. brauchen
voluit: *erg.* deus *als Subjekt*
praestō *Adv.*: zur Hand, zur
Verfügung
plērumque *Adv.*: meistens

1 Schreibe die Konnektoren (verknüpfenden Wörter) heraus und untersuche ihre Bedeutung. Um welche Art von Text scheint es sich hier zu handeln?

2 (a) Wie wird das *maritale coniugium* (Z. 3) bewertet? Zitiere auf Lateinisch. – (b) Was ist laut Text der von der Natur vorgegebene Sinn der Ehe? Schreibe die lateinischen Ausdrücke heraus.

3 Welche Aufgaben weist Columella (a) der Frau und (b) dem Mann zu (lateinische Schlüsselwörter)? Wie begründet er seine Meinung?

4 Beschreibe das im Text dargestellte Verhältnis zwischen Mann und Frau.

5 Diskutiert in der Klasse, ob die hier dargelegte Auffassung von der Ehe und der Rollenverteilung zwischen Mann und Frau auch heute noch gültig ist.

2 Trauer um ein Mädchen

Plinius, Epistulae 5,16,1–9

Plinius schreibt an seinen Freund Aefulanus Marcellinus.

Teil 1

Tristissimus haec tibi scribo
Fundani nostri filia minore defuncta.

Qua puella nihil umquam festivius, amabilius
nec modo longiore vita,
5 sed prope immortalitate dignius vidi.

Nondum annos XIIII impleverat,
et iam illi anilis prudentia,
matronalis gravitas erat
et tamen suavitas puellaris
10 cum virginali verecundia.

Ut illa patris cervicibus inhaerebat!
Ut nos amicos paternos
et amanter et modeste complectebatur!

Ut nutrices, ut paedagogos, ut praeceptores
15 pro suo quemque officio diligebat!

Quam studiose, quam intelligenter lectitabat!

Ut parce custoditeque ludebat!

---

trīstis, e: traurig
Fundanus: *Eigenname*
fīlia: Tochter
minor: *hier*: jünger
dēfungī, fungor, fūnctus sum: sterben
puella: Mädchen
umquam *Adv.*: jemals
fēstīvus: fröhlich, munter
amābilis, e: liebenswürdig, -wert
modo *Adv.*: nur
prope *Adv.*: fast
implēre: ausfüllen; vollenden
anīlis prūdentia: Klugheit einer alten Frau
mātrōnālis gravitās: Würde einer reifen Frau
suāvitās, ātis *f.*: Charme
puellāris, e: mädchenhaft
virginālis verēcundia: jungfräuliche Scheu
cervīcēs, um *f. Pl.*: Hals
inhaerēre + *Dat.*: hängen an
paternus: väterlich
amāns, ntis: liebevoll
modestus: bescheiden
complectī, or, plexus sum: umfassen, umarmen
nūtrīx, īcis *f.*: Amme
paedagōgus: Erzieher
praeceptor, ōris *m.*: Lehrer
prō: *hier*: gemäß
quisque, quaeque, quidque/quodque: jeder
officium: *hier*: Stellung
dīligere, lēxī, lēctum: lieben
studiōsus: eifrig, wissbegierig
intelligēns, ntis: einsichtig, verständig
lēctitāre: (eifrig) lesen; vorlesen
parcus: sparsam; maßvoll
custōdītus: behutsam, gelassen

Qua illa temperantia, qua patientia,
qua etiam constantia
20 novissimam valetudinem tulit!

Medicis obsequebatur,
sororem, patrem adhortabatur
ipsamque se destitutam corporis viribus
vigore animi sustinebat.

25 Duravit hic illi usque ad extremum
nec aut spatio valetudinis
aut metu mortis infractus est,
quo plures gravioresque nobis causas relinqueret
et desiderii et doloris.

qui?, quae?, quod?: welcher?, welche?,
welches? *(Interrogativpronomen)*
temperantia: Mäßigung, Selbstbeherrschung
patientia: Geduld
cōnstantia: Standhaftigkeit
novissimus: der letzte
valētūdō, inis *f.*: Gesundheit(szustand); Krankheit
obsequī: gehorchen
soror, ōris *f.*: Schwester
adhortārī: ermahnen, ermuntern
dēstituere (*PPP*: dēstitūtum): verlassen
vigor, ōris *m.*: Kraft, Energie
sē sustinēre: sich aufrechterhalten
dūrāre: dauern, bestehen bleiben
hic: *gemeint ist* vigor animī
extrēmus: der letzte
spatium: Raum; Strecke; Dauer
īnfringere, frēgī, frāctus: brechen, beugen
quō: wodurch
plūrēs, a, ium: mehrere
relinqueret: *erg.* puella *als Subjekt*

1 Zeichne eine Tabelle und trage die lateinischen Wörter ein, mit denen Plinius die Tochter des Fundanus charakterisiert, und bewerte den Befund.

Substantive	Adjektive	verbale Wendungen

2 Benenne die Stilmittel in Z. 11–17 und gib ihre Wirkung an.

3 Schreibe auf Deutsch ein Porträt des Mädchens.

4 Was meinst du: Welche ihrer Eigenschaften würden bei den Römern auch bei einem Jungen als positiv gelten, welche nicht? Begründe deine Vermutungen.

5 Vergleiche die Tochter des Fundanus mit einem gleichaltrigen Mädchen unserer Zeit. Welche Gemeinsamkeiten und Unterschiede stellst du fest?

Teil 2

O triste plane acerbumque funus!

O morte ipsa mortis tempus indignius!
Iam destinata erat egregio iuveni,
iam electus nuptiarum dies, iam nos vocati.

5 Quod gaudium quo maerore mutatum est!
Non possum exprimere verbis,
quantum animo vulnus acceperim,
cum audivi Fundanum ipsum
praecipientem,
10 quod in vestes, margarita,
gemmas fuerat erogaturus,
hoc in tus et unguenta et odores impendere-
tur.

Est quidem ille eruditus et sapiens,
ut qui se ab ineunte aetate
15 altioribus studiis artibusque dediderit.
Sed nunc omnia,
quae audi(v)it saepe, quae dixit, aspernatur
expulsisque virtutibus aliis pietatis est totus.
Ignosces, laudabis etiam,
20 si cogitaveris, quid amiserit.

Amisit enim filiam,
quae non minus mores eius
quam os vultumque referebat
totumque patrem mira similitudine exscripse-
rat.

plānē *Adv.*: deutlich, durchaus, wirklich
acerbus: bitter
fūnus, eris *n.*: Bestattung; Todesfall
indīgnus aliquā rē: unwürdig einer Sache
dēstināre: bestimmen; verloben
ēgregius: ausgezeichnet, außerordentlich
ēligere, lēgī, lēctum: auswählen
nūptiae, ārum: Hochzeit
maeror, ōris *m.*: Trauer
exprimere, pressī, pressum: ausdrücken
quantus (?): wie groß (?)
praecipientem: *erg.* ut; *zum AcP vgl.*
Informationstext
praecipere, iō, cēpī, ceptum: vorschreiben
quod = hoc, quod
vestis, is *f.*: Kleid(ung)
margarītum: Perle
gemma: Edelstein
fuerat ērogātūrus in: er wollte ausgeben für
tūs, tūris *n.*: Weihrauch
unguentum: Salbe
odor, ōris *m.*: (Wohl-)Geruch, Duft
impendere: ausgeben, verwenden
ērudītus: gelehrt, gebildet
sapiēns, ntis: weise
ut quī: *begründender Relativsatz*: da er …
altus: hoch; tief
dēdiderit: *zum Konj. Perf. s. Informationstext*
aspernārī: verschmähen, verwerfen
pietātis est: er gibt sich der Liebe zu
seinem Kind hin
āmittere, mīsī, missum: verlieren
āmīserit: *zum Konj. Perf. s. Informationstext*
mōrēs, um *m.*: Charakter
ōs, ōris *n.*: Mund; Gesicht
referre: *hier*: wiederholen, widerspiegeln
mīrus: erstaunlich; wunderbar
similitūdō, inis *f.*: Ähnlichkeit
exscrībere (*Perf.*: scrīpsī): nachzeichnen,
darstellen

1 Wie beurteilt Plinius den Zeitpunkt des Todes? Welche Wirkung sollen dabei die Stilmittel (Z. 1–5) erzielen?

2 (a) Wie wird der Vater charakterisiert? Notiere die lateinischen Begriffe. – (b) Wie zeigt er seine Trauer?

3 (a) Wie beurteilt Plinius diese Trauer? – (b) Wie begründet er in Z. 21–24 den Schmerz des Fundanus? Nimm Stellung.

4 Woran lässt sich erkennen, dass es sich bei dem Text um einen Brief handelt? Berücksichtige sowohl den Inhalt als auch formale Elemente.

Grabmal einer jungen Frau.
Kerameikos, Athen.

AcP

audivi Fundanum ipsum praecipientem …	Ich habe gehört, dass/wie Fundanus selbst vorschrieb …

Nach Verben der sinnlichen Wahrnehmung (hier audire) kann neben dem Akkusativ statt des Infinitivs auch der Akkusativ eines Partizip Präsens stehen. Diese Konstruktion heißt Akkusativ mit Partizip (AcP) und wird genauso wie ein aci übersetzt.

Konjunktiv Perfekt

(1) Ignosces, si cogitaveris (Fut. 2), quid amiserit.	Du wirst ihm verzeihen, wenn du bedenkst, was er verloren hat.
(2) Est quidem ille eruditus, ut qui se ab ineunte aetate studiis artibusque dediderit.	Er ist freilich ein gebildeter Mann, weil er sich seit frühester Jugend mit den Wissenschaften und Künsten befasst hat.

Im indirekten Fragesatz (Beispiel 1) und im konjunktionalen Gliedsatz (Beispiel 2) bezeichnet der Konjunktiv Perfekt (amiserit; dediderit) die Vorzeitigkeit zu einem Präsens oder Futur.
Im Aktiv werden die Endungen -erim, -eris, -erit, -erimus, -eritis, erint an den Perfektstamm angehängt: *laudaverim … laudaverint.*
Die Passivform ist zusammengesetzt aus dem PPP und dem Konjunktiv Präsens von *esse*: *laudatus (a, um) sim … laudati (ae, a) sint.*

3 Zwei Grabinschriften

Für Amymone

Corpus Inscriptionum Latinarum (CIL) VI 11 602

Hīc sita est Amymone Marci optima et pulcherrima, lanifica, pia, pudica, frugi, casta, domiseda.

Amymone: *Eigenname*
Marcī: *erg.* uxor (Ehefrau)
lānificus: sich mit Wollarbeiten beschäftigend
pius: fromm; gewissenhaft; liebevoll
pudicus: sittsam, züchtig
frūgī *Adj., undekl.*: brav, rechtschaffen, anständig
castus: keusch, züchtig
domiseda *nur f.*: häuslich

Für eine ehrbare Gattin

Inscriptiones Latinae selectae (DE) 8444

Incomparabilis coniux, mater bona, avia piissima, pudica, religiosa, laboriosa, frugi, efficax, vigilans, sollicita, univira, unicuba, totius industriae et fidei matrona.

incomparābilis, e: unvergleichlich
coniux, iugis *m./f.*: Gatte; Gattin
avia: Großmutter
pudicus: sittsam, züchtig
religiōsus: gottesfürchtig, fromm
labōriōsus: fleißig
frūgī *Adj., undekl.*: brav, rechtschaffen, anständig
efficāx, ācis: *hier*: energisch
vigilāns, ntis: wach-, aufmerksam
sollicitus: besorgt
ūnivira: eine, die nur einen Mann gehabt hat
ūnicuba: eine, die nur mit einem Mann geschlafen hat
industria: Fleiß; Tatkraft
mātrōna: (ehrbare) Frau

Junge »Römerin« beim Spinnen. Römerfest am 18./19. August 2001. Villa Borg bei Saarlouis.

Die rechtliche Stellung der Frau

»In der römischen Frühzeit besaß das Familienoberhaupt, der *pater familias*, die uneingeschränkte Macht über alle Mitglieder der Familie (Frau, Söhne, Töchter, Schwiegertöchter, Kinder der Söhne, Sklaven und Sklavinnen); darin eingeschlossen war auch das Recht, über Leben und Tod der Angehörigen und Bediensteten (*ius vitae necisque*) zu entscheiden. Der *pater familias* hatte selbstverständlich auch die alleinige Verfügungsgewalt über das gesamte Vermögen des Hauses inne, und nur er konnte Rechtsgeschäfte für sich und die Seinen abschließen.

Innerhalb der eigenen vier Wände genoss die *mater familias* hingegen hohes Ansehen, und ihr oblagen wichtige Aufgaben: Sie führte den Haushalt, erzog die Kinder und kümmerte sich zusammen mit ihrem Ehemann um den Kult der häuslichen Götter.

Starb der *pater familias*, wurden seine Frau und die Kinder zu Personen »eigenen Rechts« (*sui iuris*) und durften damit zwar eigene Testamente abfassen, brauchten jedoch für ihr sonstiges Rechtshandeln weiterhin einen Vormund (*tutor*).

Heiratete eine Tochter – die Zustimmung des *pater familias* war ursprünglich dafür unabdingbar –, so blieb sie entweder weiter unter der *potestas* des Vaters oder aber wurde der Gewalt ihres Ehemanns (oder Schwiegervaters) unterstellt. Im ersten Fall wurde die Ehe *sine manu*, im zweiten *cum manu* geschlossen. Auch das Vermögen der Frau – Erbschaften, Schenkungen – fiel bei einer *manus*-Ehe an den Gatten. (…)

Mit dem Rückgang der *manus*-Ehe seit dem Ende des 3. Jahrhunderts v. Chr. verbesserte sich auch die privatrechtliche Stellung der Frau. In der *manus*-freien Ehe blieb die Frau, bis sie 25 Jahre alt war, unter der Gewalt ihres Vaters und unterstand danach nur noch formal einem *tutor*. Sie konnte nun selbst die Scheidung einreichen und über ihr eigenes Vermögen selbstständig verfügen. So erweiterten sich, zumal im Zuge einer allgemeinen, durch hellenistisches Denken beeinflussten Liberalisierung der Gesellschaft, auch die Möglichkeiten ihrer Lebensgestaltung erheblich: Ab dem Ende der Republik im 1. Jahrhundert v. Chr. und mit Beginn der frühen Kaiserzeit ist die Frau damit so weit »emanzipiert«, dass sie überall am römischen Gesellschaftsleben teilnehmen kann.

Als Antwort auf diesen Liberalisierungsprozess bildet sich in augusteischer Zeit das »reaktionäre« Ideal der gesitteten häuslichen Matrone heraus, was nur Sinn macht, wenn man es als Gegenentwurf zur gelebten Realität begreift. Natürlich wird dieses Bild dann von den spätrepublikanischen und kaiserzeitlichen Moralisten konservativer Prägung auch auf die Vergangenheit, die »gute alte Zeit«, zurückprojiziert.«

Römische Frauen. Ausgewählte Texte. Lateinisch/Deutsch. Übers. und herausg. von U. Blank-Sangmeister. Stuttgart 2000, S. 10 ff.

1 Unter welchen übergeordneten Gesichtspunkten werden die beiden verstorbenen Frauen beschrieben?

2 (a) Vergleiche die beiden Grabinschriften. – (b) Vergleiche die hier genannten Eigenschaften mit dem Frauenbild in Text 1 (Columella) und bewerte den Befund.

3 Inwiefern sind die beiden Inschriften »typisch« für einen Grabstein?

4 Welche Aspekte fehlen aus heutiger Sicht? Wie erklärst du dir die Unterschiede?

Ehefrauen

4 Pomponia

Cicero, Epistulae ad Atticum 5,1,3 f.

Marcus Tullius Cicero antwortet seinem Freund Atticus, dem Bruder der Pomponia, die mit Marcus' Bruder Quintus verheiratet ist. Er bezieht sich auf eine Bemerkung, die Atticus in seinem Brief über Pomponia gemacht hat.

Teil 1

Quae res se sic habet.
Ut veni in Arpinas,
cum ad me frater venisset,
in primis nobis sermo isque multus de te fuit.
5 Ex quo ego veni ad ea,
quae fueramus ego et tu inter nos
de sorore in Tusculano locuti.

Nihil tam vidi mite, nihil tam placatum,
quam tum meus frater erat in sororem tuam,
10 ut, etiam si qua fuerat ex ratione sumptus offensio,
non appareret.

Ille sic dies.

Arpīnās, ātis *n.*: *Name eines M. Cicero gehörenden Landguts*
frāter: *gemeint ist Ciceros Bruder Quintus*
in prīmīs *Adv.*: zuerst
sermō, ōnis *m.*: Gespräch, Rede, Sprache
fuerāmus … locūtī = erāmus locūtī
Tusculānum: *Landgut bei Tusculum (Etrurien)*
tam *Adv.*: so
mītis, e: mild, sanft
plācātus: gelassen, sanft
quā (*nach* sī *statt* aliquā): aliquī, qua(e), quod: irgendein
ex ratiōne + *Gen.*: wegen
sumptus, ūs *m.*: Kosten, Ausgabe(n)
offensiō, ōnis *f.*: Anstoß, Ärger(nis)

Blick auf Arpino, die Geburtsstadt Ciceros.

Postridie ex Arpinati profecti sumus.

Ut in Arcano Quintus maneret, dies fecit,
15 ego Aquini, sed prandimus in Arcano.

No(vi)sti hunc fundum.
Quo ut venimus,
humanissime Quintus »Pomponia«, inquit,
»tu invita mulieres, ego viros accivero.«
20 Nihil potuit, mihi quidem ut visum est,
dulcius idque cum verbis tum etiam animo ac vultu.
At illa audientibus nobis
»Ego ipsa sum«, inquit, »hīc hospita.«
Id autem ex eo, ut opinor,
25 quod antecesserat Statius,
ut prandium nobis videret.

Tum Quintus »En«, inquit mihi,
»haec ego patior cottidie.«

Dices: »Quid, quaeso, istuc erat?«
30 Magnum; itaque me ipsum commoverat;
sic absurde et aspere verbis vultuque responderat.
Dissimulavi dolens.

postrīdiē *Adv.*: am folgenden Tag
Arpīnātī: *Abl.*
proficīscī, proficīscor, profectus sum: aufbrechen, sich aufmachen
Arcānum: *Landgut Ciceros bei Arpinum*
diēs, ēī *m.*: *hier*: Feiertag
Aquīnum: *Landgut Ciceros bei der gleichnamigen Stadt*
prandēre (*Perf.*: prandī): frühstücken
fundus: Landgut
quō: wohin; dorthin
hūmānus: *hier*: freundlich, verbindlich
accīre: herbeiholen, kommen lassen
dulcis, e: süß; liebenswürdig

hospita: Fremde; Gast
ex eō: deswegen
opīnārī: meinen, vermuten
antecēdere, cessī, cessum: vorausgehen
Statius: *Eigenname; Vertrauter und Geschäftsführer des Quintus Cicero*
prandium vidēre: für das Frühstück sorgen
ēn: sieh, schau
patī, patior, passus sum: erleiden, erdulden
cottīdiē *Adv.*: täglich
quaesō: ich bitte dich
istuc: dieses da
absurdus: *hier*: schroff
asper, era, erum: rau; barsch
dissimulāre: so tun, als ob nicht

1 Gliedere den Text. Berücksichtige dabei auch die Konnektoren.

2 Schreibe die lateinischen Begriffe heraus, mit denen Cicero seinen Bruder charakterisiert.

3 Wie wird Pomponia dargestellt? Zitiere lateinisch.

4 Wie reagieren (a) Marcus, (b) Quintus auf Pomponias Verhalten?

Teil 2

Discubuimus omnes praeter illam,
cui tamen Quintus de mensa misit.
Illa reiecit.
Quid multa?
5 Nihil meo fratre lenius,
nihil asperius tua sorore mihi visum est;
et multa praetereo,
quae tum mihi maiori stomacho
quam ipsi Quinto fuerunt.
10 Ego inde Aquinum.
Quintus in Arcano remansit
et Aquinum ad me postridie mane venit
mihique narravit nec
secum illam dormire voluisse
15 et, cum discessura esset, fuisse eius modi,
qualem ego vidissem.
Quid quaeris?
Vel ipsi hoc dicas licet,
humanitatem ei meo iudicio illo die defuisse.

20 Haec ad te scripsi fortasse pluribus,
quam necesse fuit,
ut videres
tuas quoque esse partes instituendi et monendi.

discumbere (*Perf.*: cubuī): sich zu Tisch legen
mēnsa: Tisch, Tafel
mīsit: *erg.* aliquid
rēicere, iō, iēcī, iēctum: zurück-, abweisen
lēnis, e: sanft
praeterīre, eō, iī, itum: übergehen, auslassen
aliquid mihi stomachō est: etw. macht mir Ärger
Aquīnum *Richtungsakk.*: aufs Aquinum
remanēre, mānsī: zurückbleiben
māne *Adv.*: (früh) am Morgen

quālis, e: wie (beschaffen)

vel ipsī hoc dīcās licet: vielleicht könntest du ihr das selbst sagen
hūmānitās, ātis *f.*: Menschlichkeit; Liebenswürdigkeit, Freundlichkeit
plūribus: *erg.* verbīs

tuae partēs sunt: es ist deine Aufgabe
īnstituere, stituī, stitūtum: unterrichten, -weisen
monēre: (er)mahnen

1 Welche Verhaltensweisen Pomponias werden kritisiert? Schreibe die lateinischen Begriffe heraus.

2 Wie reagiert der Briefschreiber auf Pomponias Verhalten?

Zu beiden Text-Teilen

1 Woran erkennst du, dass es sich bei dem Text um einen Brief handelt? Berücksichtige dabei sowohl den Inhalt als auch die Form.

2 Welche Rückschlüsse auf die allgemeinen Lebensumstände der beiden Cicero-Brüder lässt der Brief zu?

3 Wie beurteilt Cicero das Verhältnis zwischen seiner Schwägerin und Quintus?

4 Inwiefern entspricht Pomponia (nicht) dem in den Texten 1, 3 und 4 entworfenen Frauenbild?

5 Versetze dich in Pomponias Situation: Wie könnte sie ihren Mann Quintus sehen?

6 In welcher Absicht schreibt Marcus Cicero an Atticus?

7 Schreibe (auf Deutsch) einen Antwortbrief des Atticus.

Weibliches Porträt. Nationalmuseum Neapel.

5 Fortunata

Petron, Satyricon 37

»Uxor,« inquit,
»Trimalchionis Fortunata appellatur,
quae nummos modio metitur.

Et modo, modo quid fuit?
5   Ignoscet mihi genius tuus,
noluisses de manu illius panem accipere.
Nunc, nec quid nec quare, in caelum abiit
et Trimalchionis topanta est.

Ad summam,
10 mero meridie si dixerit illi tenebras esse, credet.

Ipse nescit, quid habeat,
adeo saplutus est;
sed haec lupatria providet omnia,
et ubi non putes.

15 Est sicca, sobria, bonorum consiliorum;
est tamen malae linguae, pica pulvinaris.
Quem amat, amat;
quem non amat, non amat.«

uxor, ōris *f.*: Ehefrau
Trimalchio, Fortunata: *Eigennamen*
nummus: Münze, Geldstück
modius: Scheffel *(Maß von 8,75 l)*
mētīrī, mētior, mēnsus sum: messen
modo *Adv.*: *hier*: vor kurzem
genius: Genius, Schutzgeist
pānis, is *m.*: Brot
nec … nec: weder … noch
quid: *hier*: warum
quārē: wodurch, wie
in caelum abiit: sie ist im (siebten) Himmel
topanta: Ein und Alles
ad summam: kurz und gut
merus: rein
meridiēs, ēī *m.*: Mittag
tenebrae, ārum *Pl.*: Dunkelheit
crēdere, crēdidī, creditum: glauben
adeō *Adv.*: so (sehr)
saplutus: reich
lupātria: Luder
prōvidēre omnia: *hier*: die Augen überall haben
siccus: trocken; nüchtern; maßvoll
sōbrius: nüchtern; enthaltsam
lingua: Zunge; Sprache
pīca pulvīnāris: Ackerbeet-Elster

1 Wie hat wohl Fortunata gelebt, bevor sie Trimalchio geheiratet hat?

2 Charakterisiere Fortunata. Schreibe die lateinischen Ausdrücke heraus.

3 Beschreibe das Verhältnis zwischen Trimalchio und seiner Frau.

4 Woran lässt sich erkennen, dass es sich hier um einen »umgangssprachlichen« Text handelt? Versuche deine Übersetzung auch in die Umgangssprache zu übertragen.

Bildnis eines Paares. Wandmalerei aus dem sog. Haus des Terentius Neo in Pompeji.
Heute im Nationalmuseum Neapel.

5 Beschreiben Sie das Äußere der dargestellten Personen.

6 Wie wirken die Personen auf den Betrachter?

7 Weshalb ließen sie sich gerade so abbilden?

6 Calpurnia

Plinius, Epistulae 4,19

Plinius schreibt an Calpurnia Hispulla, die Tante seiner Frau Calpurnia.

Teil 1

C. PLINIUS CALPURNIAE HISPULLAE SUAE S.

Cum sis pietatis exemplum
filiamque (fratris tui) ut tuam diligas,
non dubito maximo tibi gaudio fore,
5 cum cognoveris
(Calpurniam) dignam patre, dignam te,
dignam avo evadere.
Summum est acumen, summa frugalitas;
amat me, quod castitatis indicium est.

10 Accedit his studium litterarum,
quod ex mei caritate concepit.

Meos libellos habet, lectitat, ediscit etiam.

Qua illa sollicitudine, cum videor acturus,
quanto, cum egi, gaudio afficitur!
15 Disponit, qui nuntient sibi,
quem adsensum, quos clamores excita(ve)rim,
quem eventum iudici(i) tulerim.

---

s. = salūtem (dīcit); salūtem dīcere + *Dat.*: jdn. grüßen
exemplum: Beispiel
avus: Großvater
ēvādere: *hier*: sich entwickeln
est: *erg.* ei
acūmen, is *n*.: Scharfsinn, Intelligenz
frūgālitās, ātis *f*.: Sparsamkeit, Anspruchslosigkeit
castitās, ātis *f*.: Keuschheit, (Sitten-)Reinheit, Unverdorbenheit
indicium: Anzeichen, Merkmal
accēdere, cessī, cessum: hinzukommen
hīs: *erg.* rēbus
meī: *Gen. (obiectivus) zu* ego
cāritās, ātis *f*.: Zuneigung, Liebe
concipere, iō, cēpī, ceptum: empfangen, entwickeln
libellus: Büchlein
lēctitāre: eifrig lesen
ēdiscere: auswendig lernen
sollicitūdō, inis *f*.: Unruhe, Besorgnis
videor āctūrus: ich bin im Begriff vor Gericht zu reden
dispōnere: *hier*: (überall) verteilen
adsēnsus, ūs *m*.: Zustimmung, Beifall
clāmor, ōris *m*.: *hier*: Beifall
excitā(ve)rim: *s. Informationstext S. 11*
excitāre: aufwecken; hervorrufen
ēventus, ūs *m*.: Ausgang, Erfolg

---

1 (a) Welche Eigenschaften hebt Plinius an seiner Frau hervor? Notiere die lateinischen Begriffe. – (b) Von welchen stilistischen Mitteln macht er dabei Gebrach?

2 Wie bewertet Plinius diese Eigenschaften? Belege deine Meinung mit Beispielen aus dem Text.

Teil 2

Eadem, si quando recito,
in proximo discreta velo sedet
laudesque nostras avidissimis auribus excipit.

Versus quidem meos cantat etiam formatque cithara
5 non artifice aliquo docente,
sed amore, qui magister est optimus.
His ex causis in spem certissimam adducor
perpetuam nobis
maioremque in dies futuram esse concordiam.

10 Non enim aetatem meam aut corpus,
quae paulatim occidunt ac senescunt,
sed gloriam diligit.

Certatim ergo tibi gratias agimus,
ego, quod illam mihi,
15 illa, quod me sibi dederis,
quasi invicem elegeris. Vale.

eadem = Calpurnia
quandō = aliquandō (*nach* sī)
recitāre: vorlesen (*hier*: aus
eigenen Werken)
in proximō: ganz in der Nähe
discernere (*PPP*: discrētus):
(ab)trennen
vēlum: *hier*: Vorhang
laus, laudis *f.*: Lob
avidus: begierig
auris, is *f.*: Ohr
excipere, iō, cēpī, ceptum:
aufnehmen
cantāre: singen
formāre citharā: auf der Leier
begleiten
artifex, icis *m.*: *hier*: Musiklehrer
magister, trī *m.*: Lehrer
perpetuus: ununterbrochen,
beständig
in diēs: von Tag zu Tag
concordia: Eintracht, Harmonie
aetās, ātis *f.*: Alter; *hier*: Jugend
quae: *fasst als Neutrum Pl.* aetātem
und corpus *zusammen*
paulātim *Adv.*: allmählich
senēscere, uī: alt werden,
hinschwinden
certātim *Adv.*: um die Wette
ergō *Adv.*: daher, also
dederis: 2. *Pers. Sg. Perf.; der*
(oblique) Konj. wird nicht übersetzt
quasī + *Konj.*: wie wenn, als ob
invicem *Adv.*: wechselseitig,
(für)einander
ēlēgeris: *erg.* nōs
valēre, uī: stark/gesund sein
valē: leb(e) wohl!

1 Wie zeigt Calpurnia, dass sie ihren Mann liebt?

2 Wie beurteilt ihr Mann ihre Verhaltensweisen?

Zu beiden Text-Teilen

3 Erstelle je ein Wortfeld zu den Themen (a) Liebe und (b) Künste, Wissenschaften, Bildung.

4 Charakterisiere das Verhältnis zwischen den beiden Eheleuten.

5 Vergleiche Calpurnias Porträt mit dem Frauenbild in den Grabinschriften (Text 3) und bewerte den Befund.

6 Calpurnia – die ideale Ehefrau? Begründe deine Meinung.

7 Ein Traummann?

Plinius, Epistulae 1,14

Teil 1

C. PLINIUS IUNIO MAURICO SUO S.
Petis, ut fratris tui filiae prospiciam maritum.
Nihil est,
quod a te mandari mihi aut maius aut gratius,
5 nihil, quod honestius a me suscipi possit,
quam ut eligam iuvenem,
ex quo nasci nepotes Aruleno Rustico deceat.

Qui quidem diu quaerendus fuisset,
nisi paratus et quasi provisus esset
10 Minicius Acilianus,
qui me ut iuvenis iuvenem
(est enim minor pauculis annis)
familiarissime diligit, reveretur ut senem.

Nam ita formari a me et institui cupit,
15 ut ego a vobis solebam.

Patria est ei Brixia, ex illa nostra Italia,
quae multum adhuc verecundiae, frugalitatis
atque etiam rusticitatis antiquae retinet ac servat.

Pater Minicius Macrinus,
20 equestris ordinis princeps.

Habet aviam maternam Serranam Proculam
e municipio Patavio.

Iūnius Mauricus: *Freund des Plinius*
prōspicere, iō + *Akk.: hier:* Ausschau halten nach
māius, grātius, honestius: *ziehe die Wörter vor den jeweiligen Relativsatz*
grātus: angenehm; dankbar
honestus: angesehen; ehrenvoll
suscipere, iō, cēpī, ceptum: über-, unternehmen
nepōs, ōtis *m.*: Enkel
Arulenus Rusticus: *Eigenname; Bruder des Iunius Mauricus*
decet: es steht wohl an, es schickt sich
prōvidēre, vīdī, vīsum: vorhersehen
Minicius Aciliānus: *Eigenname*
minor pauculīs annīs: (um) wenige Jahre jünger
familiāris, e: vertraut, freundschaftlich
reverērī: verehren
senex, is *m.*: alter Mann
fōrmāre: (aus)bilden, anleiten
solēre, solitus sum: pflegen, gewohnt sein
Brixia: Brescia *(Stadt in Oberitalien)*
adhūc *Adv.*: bis jetzt, noch
verēcundia: Scheu, Zurückhaltung
frūgālitās, ātis *f.*: Genügsamkeit, Sparsamkeit
rūsticitās, ātis *f.*: ländliche Einfachheit
Minicius Macrīnus: *Eigenname*
equestris ōrdinis prīnceps: der erste Mann des Ritterstandes
avia: Großmutter
māternus: mütterlich
Serrāna Procula: *Eigenname*
municipium: Land(-)Stadt
Patavium: Padua *(Stadt in Oberitalien)*

Novisti loci mores:
Serrana tamen
25 Patavinis quoque severitatis exemplum est.

Contigit et avunculus ei P. Acilius
gravitate, prudentia, fide prope singulari.

In summa nihil erit in domo tota,
quod non tibi tamquam in tua placeat.

nōvisse: kennen, wissen

Patavīnus: Paduaner
sevēritās, ātis *f.*: Ernst, (Sitten-)
Strenge
contigit = fuit
avunculus: Onkel
(mütterlicherseits)
P. Acīlius: *Eigenname*
gravitās, ātis *f.*: Ernst, Würde
prūdentia: Klugheit
prope *Adv.*: beinahe, fast
fidēs, eī *f.*: *hier*: Zuverlässigkeit
singulāris, e: einzeln, einzigartig
in summā: kurz und gut
tamquam *Adv.*: ebenso wie

Teilansicht eines Sarkophags.
Mitte 2. Jh. n. Chr. Louvre.

1 Überlege dir, bevor du übersetzt, welche Eigenschaften ein idealer Ehemann wohl haben
   sollte. Notiere Stichpunkte.

2 Welche Beziehung besteht zwischen dem Briefschreiber und dem von ihm empfohlenen
   Heiratskandidaten?

3 Nach welchen Kriterien beschreibt Plinius den Acilianus? Schreibe die lateinischen Stichwörter heraus.

4 Liste die positiven Begriffe auf, die Plinius der Stadt Brixen und der Familie des Acilianus zu-
   weist.

5 Beschreibe die auf dem Bild dargestellten Personen und charakterisiere sie. Wieso ist dieses
   Bild gerade hier abgedruckt?

Aciliano vero ipsi plurimum vigoris, industriae,
quamquam in maxima verecundia.

Quaesturam, tribunatum, praeturam
honestissime per(cu)currit.

5 Est illi facies liberalis multo sanguine,
multo rubore suffusa,
est ingenua totius corporis pulchritudo
et quidam senatorius decor.

Quae ego nequaquam arbitror neglegenda;
10 debet enim hoc castitati puellarum
quasi praemium dari.

Nescio an adiciam
esse patri eius amplas facultates.

Nam cum imaginor vos,
15 quibus quaerimus generum,
silendum de facultatibus puto;
cum publicos mores
atque etiam leges civitatis intueor,
quae vel in primis census hominum spectandos
20 arbitrantur,
ne id quidem praetereundum videtur.

plūrimum *Adv.*: am meisten, sehr viel
vigor, ōris *m.*: (Tat-)Kraft, Energie
quamquam: *hier*: jedoch
quaestūra: Quästur *(Finanzverwaltung)*
tribūnātus, ūs *m.*: Tribunenamt; *in der
Kaiserzeit war der Volkstribun, der früher
die Interessen der* plebs *vertrat, politisch
entmachtet, besaß aber verschiedene
Ehrenrechte*
praetūra: Prätur *(Justizverwaltung)*
percurrere, (cu)currī, cursum:
durchlaufen
faciēs, ēī *f.*: Gesicht
līberālis, e: vornehm, edel
multō sanguine, multō rubōre
suffūsa: von starker, blutvoller Röte
ingenuus: *hier*: natürlich
pulchritūdō, inis *f.*: Schönheit
senātōrius: eines Senators
decor, ōris *m.*: Anstand, Würde
nequāquam *Adv.*: in keiner Weise
arbitrārī: meinen
neglegere, lēxī, lēctum:
vernachlässigen
castitās, ātis *f.*: Keuschheit, (Sitten-)
Reinheit, Unverdorbenheit
nesciō an adiciam: vielleicht sollte ich
hinzufügen
amplus: weit, groß
facultātēs *Pl. f.*: *hier*: Vermögen
imāginārī + *Akk.*: sich vorstellen
gener, erī *m.*: Schwiegersohn
silēre, uī: schweigen
intuērī, intueor, intuitus sum:
betrachten, bedenken
vel in prīmīs: ganz besonders
cēnsus, ūs *m.*: Vermögen, Besitz
ne … quidem: nicht einmal, auch
nicht
praetermittere, mīsī, missum:
übergehen, auslassen

Vielleicht meinst du, ich hätte mich von meiner Zuneigung hinreißen lassen und alles
glänzender erscheinen lassen, als es in Wirklichkeit ist. Nein, ich gebe dir mein Wort

Wort, du wirst alles noch weit glänzender finden, als es von mir gepriesen wird. Gewiss, ich liebe den jungen Menschen glühend, wie er es verdient, aber gerade diese Liebe verpflichtet mich, sein Lob nicht zu übertreiben. Leb' wohl.

Übersetzung H. Kasten (C. Plini Caecili Secundi epistularum libri decem. Gaius Plinius Caecilius Secundus Briefe. Lateinisch-Deutsch. Ed. H. Kasten. München ⁴1979, S. 41).

1 Unter welchen Gesichtspunkten wird Acilianus hier dargestellt? Notiere die Oberbegriffe.

2 Welche Eigenschaften des Heiratskandidaten hebt Plinius hervor? Schreibe die lateinischen Begriffe heraus.

3 Erläutere und kommentiere Z. 10 f.

4 Wieso zögert Plinius, die *amplas facultates* (Z. 13) zu erwähnen, und wieso tut er es dann doch?

Zu beiden Text-Teilen

5 Gliedere den Text und gib den einzelnen Abschnitten Überschriften.

6 Wie kamen, wenn man die in diesem Brief dargelegten Verhältnisse verallgemeinert, Hochzeiten in der römischen Oberschicht zustande?

7 Was ist der Sinn einer römischen Ehe? Belege deine Meinung mit Zitaten aus dem Text.

8 Charakterisiere Arulenus Acilianus.

9 Am Ende seines Briefes sagt Plinius, er habe das Lob des jungen Mannes nicht übertreiben wollen. Ist ihm das gelungen? Begründe deine Ansicht.

10 Vergleiche das Porträt des Acilianus mit deinen Stichpunkten zu Aufgabe 1, Teil 1, und bewerte den Befund.

11 (a) Untersuche, welche der von Plinius aufgeführten Kriterien heute noch gültig bzw. unwichtig geworden sind. – (b) Welche Gesichtspunkte fehlen aus moderner Sicht in dem Empfehlungsschreiben des Plinius? Was könnten die Gründe dafür sein?

Catull und seine Geliebte

8 Catull, Carmina 43

Salve, nec minimo puella naso
nec bello pede nec nigris ocellis
nec longis digitis nec ore sicco
nec sane nimis elegante lingua,
5 decoctoris amica Formiani.

Ten(e) provincia narrat esse bellam?
Tecum Lesbia nostra comparatur?
O saec(u)lum insapiens et infacetum!

minimus: der kleinste; sehr klein
nāsus: Nase
bellus: hübsch
niger, gra, grum: schwarz
ocellus: Äuglein, Auge
digitus: Finger
sānē nimis: allzu
ēlēgāns, ntis: elegant, gewählt
dēcoctor, ōris *m.*: Verschwender,
Bankrotteur
Formiānus: aus Formia *(Stadt in Latium)*
Lesbia: *Eigenname; Catulls Geliebte*
comparāre: vergleichen
īnsapiēns, ntis: unweise, geistlos
īnfacētus: plump, witzlos

1 (a) Erstelle ein Wortfeld zum Thema »Körper«. (b) Welche inhaltliche Funktion haben die Anaphern in Z. 1–4?

2 (a) Vergleiche das im Text angesprochene Mädchen mit Lesbia und beschreibe Catulls Schönheitsideal. – (b) Vergleiche Catulls Vorstellungen mit dem modernen Schönheitsideal.

3 Erläutere (a) Z. 6 und (b) Z. 8.

4 In welcher Absicht hat Catull diese Verse geschrieben?

9 Catull, Carmina 85

Odi et amo. Quare id faciam, fortasse requiris.
Nescio, sed fieri sentio et excrucior.

ōdisse: hassen
excruciāre: foltern; quälen

1 Odi et amo: In welchen Situationen sind solch gegensätzlichen Gefühle denkbar?

2 Wo sieht Catull selbst die Ursachen für diesen Zustand?

10 Catull, Carmina 8

Miser Catulle, desinas ineptire,
et quod vides perīsse, perditum ducas.

Fulsere quondam candidi tibi soles,
cum ventitabas, quo puella ducebat,
5 amata nobis, quantum amabitur nulla.

Ibi illa multa tum iocosa fiebant,
quae tu volebas nec puella nolebat.
Fulsere vere candidi tibi soles.
Nunc iam illa non vult: tu quoque, impotens, noli
10 nec quae fugit sectare, nec miser vive,
sed obstinata mente perfer, obdura.

Vale, puella. Iam Catullus obdurat
nec te requiret nec rogabit invitam:
at tu dolebis, cum rogaberis nulla.

15 Scelesta, vae te! Quae tibi manet vita?
Quis nunc te adibit? Cui videris bella?
Quem nunc amabis? Cuius esse diceris?
Quem basiabis? Cui labella mordebis?

At tu, Catulle, destinatus obdura.

---

dēsinere, siī, situm: aufhören
ineptīre: ein Narr sein
dūcere: *hier*: halten für
fulgēre (*Perf.*: fulsī): leuchten,
strahlen
quondam *Adv.*: einst
candidus: weiß; strahlend, glänzend
sōl, is *m.*: Sonne
ventitāre: kommen
quantum: *hier*: wie (sehr)
iocōsus: scherzhaft

impotēns, ntis: unbeherrscht,
schwach
nec: *erg.* illam
sectārī aliquem: jdm. nachlaufen
obstinātus: hartnäckig, unbeugsam
perferre, ferō, tulī, lātum: ertragen
obdūrāre: aushalten, hart
sein/bleiben
requīrere, quīsīvī, quīsītum: (auf)su-
chen; (nach)fragen
invītus: unwillig, gegen jmd.s Willen
nūlla: *hier*: = nōn
scelestus: verbrecherisch
vae tē!: wehe dir!
cuius esse dīcēris?: als wessen
Geliebte wird man dich bezeichnen?
bāsiāre: küssen
labellum: Lippe
mordēre: beißen
destinātus: (fest) entschlossen

---

1 Gliedere das Gedicht nach formalen Gesichtspunkten (Verbformen, Anreden)

2 Warum bezeichnet Catull die Geliebte als *scelesta* (Z. 15)?

3 Untersuche die Stilmittel in Z. 15–18 und gib an, was sie bewirken sollen.

4 Wozu fordert Catull sich selbst auf? Was will er deiner Meinung nach wirklich? Begründe deine Deutung.

5 Wer ist der eigentliche Adressat des Gedichts? Begründe deine Antwort.

6 Beschreibe, was in Catull vorgeht.

Martial und die Frauen

11 Martial, Epigrammata 1,10

Petit Gemellus nuptias Matronillae
et cupit et instat et precatur et donat.

Adeone pulchra est? Immo foedius ni(hi)l est.
Quid ergo in illa petitur et placet? Tussit.

Gemellus, Mātrōnilla:
Eigennamen
nūptiae, ārum *Pl. f.*:
Hochzeit, Heirat
īnstāre, īnstitī: eindringen
auf, (be)drängen
precārī: bitten
dōnāre: (be)schenken
immō *Adv.*: im Gegenteil
foedus: hässlich, scheußlich
tussīre: husten

1 Wie wirbt Gemellus um Matronilla? Zitiere lateinisch.

2 Benenne die Stilmittel und gib ihre mögliche Wirkung an.

3 Versteht Martial das Interesse des Gemellus an Matronilla? Begründe deine Meinung.

12 Martial, Epigrammata 1,57

Qualem, Flacce, velim quaeris nolimve puellam?
Nolo nimis facilem difficilemque nimis.
Illud, quod medium est atque inter utrumque, probamus:
Nec volo, quod cruciat, nec volo, quod satiat.

Flaccus: *Eigenname*
-ve: oder
nimis *Adv.*: zu sehr
uterque, utraque, utrumque:
jeder (von beiden)
probāre: billigen, gut finden
cruciāre: martern, quälen
satiāre: (über)sättigen

1 Was könnte mit *facilis* bzw. *difficilis* (Z. 2) gemeint sein?

2 (a) Wie soll sich, positiv ausgedrückt, die Freundin verhalten, mit der Martial zusammen sein möchte? – (b) Nimm Stellung.

13 Martial, Epigrammata 1,62

Casta nec antiquis cedens Laevina Sabinis
et quamvis tetrico tristior ipsa viro
dum modo Lucrino, modo se permittit Averno,
et dum Baianis saepe fovetur aquis,
5 incidit in flammas: iuvenemque secuta relicto
coniuge Penelope vēnit, abīt Helene.

cēdēns: zurückbleibend hinter jdm.
Laevīna: *Eigenname*
Sabīna: Sabinerin
quamvīs *Adv.*: noch so
tetricus: finster, streng, ernst
tristis, e: traurig; ernst, streng
modo … modo: bald … bald
Lucrīnus: Lukriner See
sē permittere: sich überlassen, sich begeben in
Avernus: Averner See
Baiānus: von Baiae *(Seebad in Kampanien)*
fovērī: *hier:* (warm) baden
incidere, cidī: in etw. fallen
Penelopē, Helenē: *Eigennamen*

1 Informiere dich in einem Lexikon über die Sabinerinnen (Z. 1), Penelope und Helena (Z. 6).

2 Was hat Laevina mit den in Z. 1 genannten Frauen gemeinsam? Ordne ihnen die lateinischen Begriffe zu.

3 Was meint Martial mit der letzten Zeile? Wie wird die Aussage durch Stilmittel unterstrichen?

14 Martial, Epigrammata 3,8

Thaida Quintus amat. Quam Thaida? Thaida luscam.
Unum oculum Thais non habet, ille duos.

Thāis *(Akk.:* Thāida): *weibl. Eigenname*
Quintus: *Eigenname*
luscus: einäugig
ille: *erg.* nōn

1 Erkläre Z. 2.

2 Wie werden Thais und Quintus von Martial dargestellt?

15 Martial, Epigrammata 5,43

Thais habet nigros, niveos Laecania dentes.
Quae ratio est? Emptos haec habet, illa suos.

Thāis, Laecānia: *weibl. Eigennamen*
niveus: (schnee)weiß
dēns, ntis *m.*: Zahn
ratiō, ōnis *f.*: *hier*: Grund
emere, ēmī, ēmptum: kaufen

16 Martial, Epigrammata 8,12

Uxorem quare locupletem ducere nolim,
quaeritis? Uxori nubere nolo meae.
Inferior matrona suo sit, Prisce, marito:
non aliter fiunt femina virque pares.

locuplēs, ētis: wohlhabend
dūcere: *hier*: heiraten *(vom Mann aus gesehen)*
nūbere, nūpsī, nūptum + *Dat.*: heiraten *(von der Frau aus gesehen)*; *Martial will nicht wie eine Frau heiraten, d.h., er lehnt die untergeordnete Position ab*
īnferior, ius: niedriger; unterlegen
aliter *Adv.*: anders

1 Warum will der Dichter keine reiche Frau heiraten?

2 Untersuche die Stilmittel in Z. 3 f. und gib ihre Wirkung an.

3 Nimm Stellung zu der Aussage Z. 3 f.

17 Martial, Epigrammata 8,79

Omnīs aut vetulas habes amicas
aut turpīs vetulisque foediores.
Has ducis comites trahisque tecum
per convivia, porticus, theatra.
5 Sic formonsa, Fabulla, sic puella es.

vetulus: ältlich, ziemlich alt
turpis, e: hässlich
comes, itis *m./f.*: Begleiter(in)
porticus, ūs *f.*: Säulenhalle
theātrum: Theater
fōrmōnsus: schön
Fabulla: *Eigenname*

1 Beschreibe die Freundinnen der Fabulla. Zitiere lateinisch.

2 Erläutere die letzte Zeile.

Römerin mit Füllhorn. Nationalmuseum Neapel.

18 Martial, Epigrammata 10,8

Nubere Paula cupit nobis, ego ducere Paulam
nolo: anus est. Vellem, si magis esset anus.

Paula: *Eigenname*
dūcere: *hier*: heiraten *(vom Mann aus gesehen)*
anus, ūs *f.*: alte Frau; alt

Das Parádoxon (»entgegen der Erwartung«): Überraschender oder verblüffender Ausdruck, der die Erwartung der Hörenden/Lesenden überrumpelt; scheinbarer Widerspruch. Beispiele: Die einsame Masse. – Geteilte Freude ist doppelte Freude.

Das Epigramm

Epigramme nennt man kleinere Gedichte, die in verschiedenen Versmaßen verfasst sein können. Am häufigsten sind jedoch der Hexameter oder das elegische Distichon. Dieses besteht aus einem Hexameter und einem Pentameter.

Hexameter: $\acute{-}\,\cup\cup\,|\,\acute{-}\,\cup\cup\,|\,\acute{-}\,\cup\cup\,|\,\acute{-}\,\cup\cup\,|\,\acute{-}\,\cup\cup\,|\,\acute{-}\,\cup$

Pentameter: $\acute{-}\,\cup\cup\,|\,\acute{-}\,|\,\cup\cup\,\acute{-}\,\|\,\acute{-}\,\cup\cup\,|\,\acute{-}\,\cup\cup\,|\,\acute{\cup}$

Martial, Epigrammata 8,12:

Úxoreḿ quaré locuplétem dúcere nólim,

quáeritis? Úxorí núbere nólo meáe.

Ínferiór matróna suó sit, Prísce, maríto:

nón alitér fiúnt fémina vírque parés.

Nach einer Definition Erich Kästners, der selbst auch Epigramme verfasst hat, muss das Epigramm künstlerisch zwei Regeln erfüllen: »Es soll Erwartung wecken und pointierend Aufschluss geben.«

> Ich mag nicht länger drüber schweigen,
> weil ihr es immer noch nicht wisst:
> Es hat keinen Sinn, mir die Zähne zu zeigen,
> – ich bin gar kein Dentist!
>
> *Erich Kästner, Der Sanftmütige*

Zu allen Martial-Gedichten

1 Zeichne eine Tabelle und trage die lateinischen Begriffe ein, mit denen Martial die Frauen beschreibt.

2

Positives	Negatives

3 Wie sieht Martial also die Frauen?

4 Untersuche jeweils den letzten Satz der Gedichte. Wie ist seine Wirkung? Gib Beispiele an.

5 Prüfe, ob die beiden Forderungen Kästners in den Epigrammen Martials verwirklicht sind. Leg eine Tabelle an und suche in den Texten nach Beispielen.

Erwartung	Pointe

6 Darf man menschliche Schwächen kritisieren? Diskutiert in der Klasse.

So ähnlich dürfte der Schminktisch einer vornehmen Römerin ausgesehen haben. Saalburgfest »Hundert Jahre Saalburg« im Oktober 1997. Saalburg-Kastell, Bad Homburg.

Die schlimmen Frauen?

19 Sabina Poppaea

Tacitus, Annales 13,45

Erat in civitate Sabina Poppaea.
Huic mulieri cuncta alia fuere
praeter honestum animum.
Quippe mater eius,
5 aetatis suae feminas pulchritudine supergressa,
gloriam pariter et formam dederat;
opes claritudini generis sufficiebant.

Sermo comis nec absurdum ingenium:
modestiam praeferre et lascivia uti.

10 Rarus in publicum egressus,
idque velata parte oris,
ne satiaret aspectum,
vel quia sic decebat.

Famae numquam pepercit,
15 maritos et adulteros non distinguens.

Igitur agentem eam in matrimonio
Rufri Crispini, equitis Romani,
ex quo filium genuerat,
Otho pellexit iuventa ac luxu

Sabīna Poppaea: *Eigenname*
fuēre = fuērunt

quippe: freilich, allerdings; denn
supergredī, ior, gressus sum: übertreffen
dederat: *erg.* Sabīnae Poppaeae
clāritūdō, inis *f.*: Berühmtheit, Ansehen
sufficere, iō: *hier:* entsprechen
cōmis, e: freundlich, charmant
absurdus: *hier:* gering
ingenium: Begabung, Talent
modestia: Bescheidenheit, Zurückhaltung
praeferre, ferō, tulī, lātum: zeigen
lascīviā ūtī: zügellos leben
rārus: selten
ēgressus, ūs *m.*: Ausgang, Ausgehen
vēlāre: verhüllen
satiāre aspectum: »den Anblick sättigen«; *frei:* die Neugier (der Leute), sie zu sehen, befriedigen
quia: weil
parcere, pepercī + *Dat.*: schonen, Rücksicht nehmen auf
adulter, trī *m.*: Ehebrecher
distinguere, tīnxī, tinctum: unterscheiden
agere in mātrimōniō alicuius: mit jdm. verheiratet sein
Rufrius Crīspīnus: *Eigenname*
gīgnere, genuī, genitus: gebären, hervorbringen
Othō: *Eigenname (einer der späteren Kaiser d. J. 69 n. Chr.)*
pellicere (*Perf.:* pellēxī): anlocken, verführen
iuventa: Jugend
luxus, ūs *m.*: aufwändige Lebensführung

<table>
<tr><td>20</td><td>et quia flagrantissimus
in amicitia Neronis habebatur:
nec mora,
quin adulterio matrimonium iungeretur.</td><td>flagrantissimus in amīcitiā habērī:
als ganz intimer Freund gelten
Nerō, ōnis: *Eigenname (Kaiser von
54–68 n. Chr.)*
nec mora, quīn: und es dauerte
nicht lange, bis
adulterium: Ehebruch
mātrimōnium: Heirat, Ehe
iungere, iūnxī, iūnctum:
verbinden, anschließen</td></tr>
</table>

Sempronia

Sallust, Die Verschwörung Catilinas 25

Diese Frau (= Sempronia) war durch ihre Herkunft und Schönheit, zudem durch ihren Mann und ihre Kinder nicht wenig vom Glück begünstigt. Sie war in der griechischen und lateinischen Literatur bewandert, spielte die Leier und tanzte besser, als es für eine anständige Frau nötig ist; und sie kannte sich noch in vielem anderen aus, was einem ausschweifenden Leben dienlich ist. Doch immer lag ihr alles andere mehr am Herzen als Anstand und Sittsamkeit; ob sie ihr Geld oder ihren Ruf weniger schonte, hätte man nicht leicht entscheiden können; ihre sexuellen Bedürfnisse waren so groß, dass sie häufiger Männer begehrte, als sie von ihnen begehrt wurde. (…) Durch ihre Genusssucht und Mittellosigkeit war sie blindlings ins Verderben gestürzt. Dabei war sie gar nicht untalentiert: Sie konnte Verse machen, scherzen, sich bald zurückhaltend, bald gefühlvoll, bald frech unterhalten; kurzum: Sie besaß viel Witz und viel Charme.

1 Leg eine Tabelle an und trage die lateinischen Ausdrücke ein, mit denen Tacitus Sabina Poppaea charakterisiert.

Positives	Negatives

2 (a) Aus welchen Motiven heiratet – nach Tacitus' Darstellung – Sabina Poppaea Otho? Schreibe die lateinischen Begriffe heraus. – (b) Welche Rückschlüsse auf ihren Charakter lassen sich daraus ziehen?

3 Inwiefern erfüllt Sabina Poppaea (nicht) die von der Gesellschaft geforderte »weibliche Rolle«?

4 Ist die Darstellung des Tacitus »objektiv«? Begründe deine Meinung.

5 Vergleiche Sabina Poppaea mit der Sempronia in Sallusts Coniuratio Catilina (Kap. 25).

20 Haarausfall und Fußleiden

Seneca, Epistulae ad Lucilium 95,20f.

Der Arzt, auf den sich Seneca im Folgenden bezieht, ist Hippokrates (5. Jh. v. Chr.).

Maximus ille medicorum et huius scientiae conditor
feminis nec capillos defluere dixit nec pedes laborare:
atqui et capillis destituuntur et pedibus aegrae sunt.

Non mutata feminarum natura, sed victa est;
5 nam cum virorum licentiam aequaverint,
corporum quoque virilium incommoda aequaverunt.

Non minus pervigilant, non minus potant,
et oleo et mero viros provocant;
aeque invitis ingesta visceribus per os reddunt
10 et vinum omne vomitu remetiuntur;
aeque nivem rodunt, solacium stomachi aestuantis.

Libidine vero ne maribus quidem cedunt.
Quid ergo mirandum est
maximum medicorum ac naturae peritissimum
15 in mendacio prendi,

---

conditor, ōris *m.*: Begründer
capillus: Haar
dēfluere: ausgehen, ausfallen
nec: *erg.* eās *als Subjektsakk.*
pedēs labōrāre: an den Füßen leiden, fußkrank sein
atquī: und doch
dēstituere: verlassen
aeger, gra, grum: krank
licentia: Zügellosigkeit, Willkür
aequāverint: *Konj. Perf. s. Informationstext S. 11*
aequāre: erreichen
incommodum: Nachteil; Beschwerde
pervigilāre: (die Nacht) durchwachen
pōtāre: trinken
oleum: Öl
merum: (nicht mit Wasser verdünnter) Wein
prōvocāre: herausfordern
aequē *Adv.*: in gleicher Weise, ebenso
invītīs ingesta vīsceribus: was sie gegen den Widerstand ihrer Eingeweide zu sich genommen haben
vīnum: Wein
vomitus, ūs *m.*: Erbrechen
remētīrī: noch einmal nachmessen
nix, nivis *f.*: Schnee
rōdere: *hier:* essen
sōlācium: Trost
stomachus aestuāns: entzündeter Magen
libīdō, dinis *f.*: Lust, Begierde
mās, māris *m.*: Mann
mīrārī, mīror, mīrātus sum: sich wundern
perītus: erfahren, kundig
mendācium: Lüge; Täuschung
prendere: *hier:* ertappen

cum tot feminae podagricae calvaeque sint?

Beneficium sexus sui vitiis perdiderunt,
et quia feminam exuerant,
damnatae sunt morbis virilibus.

tot: so viele
podagricus: an Gicht leidend
calvus: kahl(köpfig)
beneficium: *hier*: Vorteil
sexus, ūs *m.*: Geschlecht
vitium: Fehler, Laster
fēminam exuere (*Perf.*:
exuī):Weiblichkeit aufgeben
damnāre: verurteilen
morbus: Krankheit

Der Eid des Hippokrates

»Ich schwöre bei Apollon, dem Arzt, und Asklepios und Hygieia und Panakeia und allen Göttern und Göttinnen und rufe sie zu Zeugen an, daß ich diesen Eid und diese Vereinbarung nach meinem besten Vermögen und Urteil erfüllen werde. (…)
Meine Verordnungen werde ich zum Nutzen der Kranken treffen nach meinem besten Vermögen und Urteil, vor Schädigung und Unrecht aber werde ich sie bewahren.
Ich werde niemandem ein tödlich wirkendes Gift verabreichen, auch nicht, wenn man mich darum bittet, auch werde ich keinen Rat dazu erteilen. Ebenso werde ich keiner Frau ein abtreibendes Mittel geben. (…)
Was ich bei der Behandlung oder auch außerhalb der Behandlung vom Leben der Menschen sehe oder höre, worüber draußen niemals gesprochen werden darf, darüber werde ich schweigen, da ich dergleichen als Geheimnis erachte.
Wenn ich nun diesen Eid erfülle und nicht breche, dann möge ich von meinem Leben und meiner Kunst Segen haben und bei allen Menschen geachtet sein für alle Zeiten; wenn ich ihn aber übertrete und eidbrüchig werde, dann soll mich das Gegenteil davon treffen.«

1 Erstelle Wortfelder zu den Themen (a) Körper und (b) Krankheit.

2 (a) Worin sieht Seneca die Ursachen für Haarausfall und Fußleiden? – (b) Wie sollten sich nach Senecas Meinung also die Frauen verhalten?

3 Nimm Stellung zu der Aussage Z. 17–19.

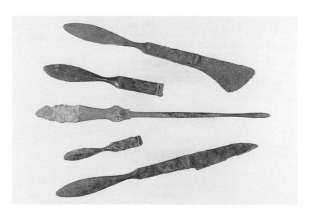

Medizinische Instrumente der Römer.
Saalburgmuseum, Saalburg-Kastell,
Bad Homburg.

21 Die Lex Oppia

Livius, Ab urbe condita 34,2,1–34,3,2

Lies vor dem lateinischen Text den Informationstext S. 39

Teil 1

Si in sua quisque nostrum matre familiae, Quirites,
ius et maiestatem viri retinere instituisset,
minus cum universis feminis negotii haberemus;

5 nunc domi victa libertas nostra
impotentiā muliebri
hīc quoque in foro obteritur et calcatur,
et, quia singulas non continuimus,
universas horremus.

10 Equidem non sine rubore quodam
paulo ante per medium agmen mulierum
in forum perveni.
Quod nisi me verecundia singularum
magis quam universarum tenuisset,
15 ne compellatae a consule viderentur, dixissem:
Qui hic mos est in publicum procurrendi
et obsidendi vias
et viros alienos appellandi?
Istud ipsum suos quaeque domi
20 rogare non potuistis?

An blandiores in publico quam in privato
et alienis quam vestris estis?

nostrūm: *Gen. zum Personalpronomen* nōs
Quirītēs *Pl. m.*: römische Bürger
māiestās, ātis *f.*: Größe, Würde
īnstituere, stituī, stitūtum: beginnen, unternehmen
ūniversus: gesamt, allgemein
negōtium: *hier:* Mühe, Unannehmlichkeit
impotentia: Zügellosigkeit
muliebris, e: weiblich
obterere: zertreten; herabsetzen
calcāre: mit Füßen treten, verachten
singulī, ae, a: einzeln
continēre: *hier:* im Zaum halten
horrēre + *Akk.*: sich fürchten vor
rubor, ōris *m.*: (Scham-)Röte
paulō *Adv.*: (um) ein wenig

quod nisī: wenn also nicht
verēcundia: Scheu; Respekt
compellāre: kritisieren

in pūblicum prōcurrere: auf die Straßen laufen

istud ipsum: *gemeint ist die Aufhebung der lēx Oppia*
suōs: *hier:* = vestrōs (marītos)
quaeque: *Nom. Pl. f.*
rogāre aliquem aliquid: jdn. um etw. bitten
blandus + *Dat.*: zärtlich/nett zu
in prīvātō: im Privaten, zu Hause
vestrīs: *erg.* virīs

Quamquam ne domi quidem vos,
si sui iuris finibus matronas contineret pudor,
25 quae leges hīc rogarentur abrogarenturve,
curare decuit.

Ordne: decuit vōs cūrāre, quae
lēgēs … abrogārenturve, sī …
quamquam: *hier*: trotzdem
aliquem fīnibus continēre: jdn. in
Schranken halten
pudor, ōris *m.*: Scham(gefühl),
Scheu
rogāre: *hier*: beantragen
abrogāre: abschaffen, aufheben
decuit: es hätte sich gehört

Die Lex Oppia

Ein Jahr nach der furchtbaren Niederlage, welche die Römer im Jahre 216 v. Chr. gegen die Punier unter deren Feldherrn Hannibal bei Cannae erlitten hatten, beantragte der Volkstribun C. Oppius ein Gesetz, das den Frauen verbot, ihren Reichtum öffentlich zur Schau zu stellen: Sie durften weder mehrfarbige Kleider tragen noch Goldschmuck zeigen, der mehr als 14 g wog. Mit Pferdegespannen durften sie sich der Stadt Rom nur nähern, wenn sie zu einem Opfer fuhren. Durch diese Art der Selbstbeschränkung und Opferbereitschaft sollten sie ihre Solidarität mit der Notlage bekunden, in der sich Rom damals befand. Solange Krieg herrschte, wurde dieses Gesetz auch ohne weiteres befolgt. Doch nach dem Ende des Zweiten Punischen Krieges und dem Sieg über den makedonischen König Philipp, gegen den die Römer zwei Kriege führten (214–205 und 200–197 v. Chr.), wollten im Jahr 195 v. Chr. die Volkstribunen M. Fundanius und L. Valerius die Lex Oppia wieder abschaffen. Da es auch viele Gegner gegen die Aufhebung dieses Gesetzes gab, gingen die Frauen auf die Straße, um ihre Interessen lautstark zu Gehör zu bringen. Tatsächlich wird dann gegen den Widerstand des Konsuls Cato die Lex Oppia außer Kraft gesetzt.

1 Informiere dich in einem Geschichtsbuch oder im Internet darüber, welche politischen Rechte und welche politischen Einflussmöglichkeiten die Römerinnen hatten.

2 Wie stellt Cato das Verhältnis zwischen Mann und Frau im Jahr 195 v. Chr. dar (Z. 1–9)? Welche allgemeine Folgen ergeben sich für ihn daraus? Nenne die lateinischen Stichwörter.

3 Wie reagiert er persönlich auf diese Situation (Z. 10 ff.)? Zitiere lateinisch.

4 (a) Was wirft Cato in seiner Rede den Frauen vor? Schreibe die lateinischen Wendungen heraus. – (b) Wie hätten sie sich also verhalten sollen?

Maiores nostri nullam ne privatam quidem rem
agere feminas sine tutore auctore voluerunt,
in manu esse parentium, fratrum, virorum;

nos, si diis placet,
5 iam etiam rem publicam capessere eas patimur
et foro quoque et contionibus et comitiis immisceri.

Date frenos impotenti naturae et indomito animali
et sperate ipsas modum licentiae facturas (esse),
nisi vos feceritis.
10 Omnium rerum libertatem, immo licentiam,
si vere dicere volumus, desiderant.
Quid enim, si hoc expugnaverint, non temptabunt?

Recensete omnia muliebria iura,
quibus licentiam earum alligaverint maiores vestri,
15 per quaeque eas subiecerint viris;

quibus omnibus constrictas
vix tamen continere potestis.

Quid? Si carpere singula et extorquere
et exaequari ad extremum viris patiemini,
20 tolerabiles vobis eas fore creditis?

Extemplo, simul pares esse coeperint,
superiores erunt.

---

māiōrēs, um *m.*: Vorfahren
tūtor, ōris *m.*: Vormund
auctor, ōris *m.*: *hier*: Vertreter
manus, ūs .: *hier*: (juristische)
Gewalt
parentēs, (i)um *m.*: Eltern
sī diīs placet: so Gott will *(oft
ironisch)*
rem pūblicam capessere: sich
politisch betätigen
patī, ior, passus sum: leiden;
lassen, zulassen
cōntiō, ōnis *f.*: Versammlung
comitia, ōrum:
Volksversammlung
immiscērī + *Dat.*: sich
einmischen in
frēnī, ōrum: Zügel
indomitus: ungezähmt, zügellos
animal, ālis *n.*: Lebewesen,
Wesen
modum facere: Maß/Grenze
setzen
hoc expūgnāre: dieses Ziel
erreichen
temptāre: versuchen
recensēre: mustern, (in
Gedanken) durchgehen
alligāverint: *s. Informationstext
S. 11*
alligāre: festbinden, hemmen
subicere, iō, iēcī, iectum:
unterwerfen
cōnstringere *(PPP:
cōnstrictum)*: binden, fesseln
vix *Adv.*: kaum
continēre: *hier*: im Zaum halten
carpere: *erg.* eās; *hier*:
schwächen, außer Kraft setzen
singula: *erg.* iūra
extorquēre: erpressen,
abtrotzen
exaequāre: gleichstellen
ad extrēmum: schließlich
tolerābilis, e: erträglich
extemplō *Adv.*: sofort
simul: sobald
superior, ius: überlegen

Frauenwahlrecht in Deutschland

»Um 1850 setzten die Bewegungen ein, die die privatrechtl. Gleichstellung der F. und ihre Selbständigkeit im öffentl. Leben erstreben. Sie standen im Zeichen der liberalen Ideen. Die Herauslösung der F. aus dem Haus ist eine der Emanzipationsbewegungen, die das industrielle System einleiteten und es dauernd bedingen. Noch der Eintritt der F. in die akademischen Berufe (seit etwa 1900) wurde als Befreiung, als Kampf um die Gleichberechtigung (…) empfunden. Mit der Eingliederung der F. in die Berufsarbeit ist ihre Anteilnahme am öffentl. Leben, z.B. die Zuteilung polit. Rechte, notwendig verbunden. In Deutschland erhielten die Frauen 1919 das volle aktive und passive Wahlrecht.«
Art. »Frau« in: dtv-Lexikon, Bd. 7, München 1976, S. 7.

Grundgesetz für die Bundesrepublik Deutschland, Artikel 3
[Gleichheit vor dem Gesetz]

(1) Alle Menschen sind vor dem Gesetz gleich.
(2) Männer und Frauen sind gleichberechtigt.
(3) Niemand darf wegen seines Geschlechtes, seiner Abstammung, seiner Rasse, seiner Sprache, seiner Heimat und Herkunft, seines Glaubens, seiner religiösen oder politischen Anschauungen benachteiligt oder bevorzugt werden.

1 Wodurch unterscheiden sich nach Catos Meinung Gegenwart und Vergangenheit (Z. 1–6) und wie bewertet er diese Veränderung?

2 Benenne das Stilmittel in Z. 7 f. Welche Wirkung will Cato wohl erreichen?

3 Welches Ziel streben laut Cato die Frauen an (Z. 10 f.)?

4 Welche Folgen befürchtet er? Nenne die lateinischen Schlüsselwörter.

Zu beiden Text-Teilen

5 Erstelle ein Wortfeld zum Thema Politik.

6 Charakterisiere Catos Einstellung gegenüber den Frauen. Warum hat er wohl vor einer Veränderung der Frauenrolle solche Angst?

7 Bewerte das Verhalten der Frauen. Berücksichtige dabei auch, welche Rolle sie in der Öffentlichkeit zu spielen hatten.

8 Was könnte eine der von Cato kritisierten Frauen antworten? Schreibe auf Deutsch eine Gegenrede.

22 Sprichwörter

Aut ámat aut odit múlier, nil est tértium.
Publilius Syrus, Sententiae 6

nīl = nihil

Animó virum pudícae, non oculo éligunt.
Publilius Syrus, Sententiae 36

pudicus: sittsam, züchtig

Didicére flere féminae in mendácium.
Publilius Syrus, Sententiae 130

flēre, flēvī, flētum: weinen
mendācium: Lüge; Täuschung

Féminae natúram regere désperare est ótium.
Publilius Syrus, Sententiae 187

dēspērāre: *hier:* vergeuden

Malo ín consilio féminae vincúnt viros.
Publilius Syrus, Sententiae 324

Muliér quae multis núbit, multis nón placet.
Publilius Syrus, Sententiae 340

Multís placere quaé cupit, culpám cupit.
Publilius Syrus, Sententiae 351

Nón est ulla tám bona uxor, dé qua non possís queri.
Caecilius Balbus, Sententiae 134

querī, queror, questus sum:
klagen

Nec mutam repertam ullam esse mulierem
Otto, Sprichwörter, S. 231

mūtus: stumm
reperīre, iō, repperī, repertum:
finden

Varium et mutabile semper femina.
Otto, Sprichwörter, S. 231

varius: *hier:* launenhaft
mūtābilis, e: veränderlich

Mädchen mit Wachstafel und Griffel. Wandgemälde aus Pompeji. Mitte 1. Jh. n. Chr.

1 Wie werden die Frauen in den Sprichwörtern dargestellt? Leg eine Tabelle an und trage die lateinischen Stichwörter ein.

Positives	Negatives

2 Welches Bild wird hier (direkt und indirekt) von den Männern entworfen?

3 Wie erklärst du dir das Frauenbild, das in den Sprichwörtern vorherrscht?

4 Welche Eigenschaften und welches Benehmen sollte nach diesen Texten eine »anständige Frau« haben?

5 Vergleiche das Frauenbild der Sprichwörter mit dem der Grabinschriften (Text 3) und bewerte den Befund.

Lernwortschatz

A

accēdere, cessī, cessum	hinzukommen
acerbus	bitter
adeō *Adv.*	so (sehr)
adhortārī	ermahnen, ermuntern
adhūc *Adv.*	bis jetzt, noch
adsēnsus, ūs *m.*	Zustimmung, Beifall
aeger, gra, grum	krank
aequē *Adv.*	in gleicher Weise, ebenso
aetās, ātis *f.*	Alter
ait	er sagt/sagte
aliquī, qua(e), quod	irgendein
aliter *Adv.*	anders
altus	hoch; tief
āmittere, mīsī, missum	verlieren
amplectī, or, amplexus sum	umfassen, bewältigen
amplus	weit, groß
animal, ālis *n.*	Lebewesen, Wesen
antecēdere, cessī, cessum	vorausgehen
arbitrārī	meinen
asper, era, erum	rau; barsch
aspernārī	verschmähen, verwerfen
auris, is *f.*	Ohr
avidus	begierig
avus	Großvater

C

candidus	weiß; strahlend, glänzend
cantāre	singen
capillus	Haar
castus	keusch, züchtig
cēnsus, ūs *m.*	Vermögen, Besitz
cervīcēs, um *f. Pl.*	Hals
comes, itis *m./f.*	Begleiter(in)
cōmis, e	freundlich, charmant
comitia, ōrum	Volksversammlung
comparāre	(vor)bereiten; einrichten; vergleichen
complectī, or, plexus sum	umfassen, umarmen

concipere, iō, cēpī, ceptum	empfangen, entwickeln
concordia	Eintracht, Harmonie
coniungere, iūnxī, iūnctum	verbinden
coniux, iugis *m./f.*	Gatte; Gattin
cōnstantia	Standhaftigkeit
cōntiō, ōnis *f.*	Versammlung
cottīdiē *Adv.*	täglich
crēdere, crēdidī, creditum	glauben
cūstōdia (des Hauses)	Obhut, Schutz

D

damnāre	verurteilen
decet	es steht wohl an, es schickt sich
dēns, ntis *m.*	Zahn
dēsinere, siī, situm	aufhören
dēstināre	bestimmen; verloben
digitus	Finger
dīligentia	Sorgfalt; Obhut
dīligere, lēxī, lēctum	lieben
dissimulāre	so tun, als ob nicht
distinguere, tīnxī, tinctum	unterscheiden
domesticus	häuslich
dōnāre	(be)schenken
dulcis, e	süß; liebenswürdig
dūrāre	dauern, bestehen bleiben
ēgregius	ausgezeichnet, außerordentlich
ēgressus, ūs *m.*	Ausgang, Ausgehen
ēlēgāns, ntis	elegant, gewählt
ēligere, lēgī, lēctum	auswählen

E

emere, ēmī, ēmptum	kaufen
ergō *Adv.*	daher, also
ēventus, ūs *m.*	Ausgang, Erfolg
excipere, iō, cēpī, ceptum	aufnehmen
excitāre	aufwecken; hervorrufen
exemplum	Beispiel

exprimere, pressī, pressum	ausdrücken
extemplō *Adv.*	sofort
extrēmus	der letzte

F

faciēs, ēī *f.*	Gesicht
familiāris, e	vertraut, freund-schaftlich
fīlia	Tochter
flēre, flēvī, flētum	weinen
foedus	hässlich, scheuß-lich
forīs *Adv.*	draußen
frīgus, oris *n.*	Kälte
fundus	Landgut
fūnus, eris *n.*	Bestattung; Todesfall

G

gener, erī *m.*	Schwiegersohn
gīgnere, genuī, genitus	gebären, hervor-bringen
grātus	angenehm; dankbar
gravitās, ātis *f.*	Ernst, Würde

H

honestus	angesehen; ehrenvoll
horrēre + *Akk.*	sich fürchten vor
hūmānitās, ātis *f.*	Menschlichkeit; Liebenswürdig-keit, Freund-lichkeit

I

idcircō *Adv.*	deshalb
immō *Adv.*	im Gegenteil
impotēns, ntis	unbeherrscht, schwach
incidere, cidī	in etw. fallen
incommodum	Nachteil; Beschwerde
indicium	Anzeichen, Merkmal
indigēre alicuius	jdn. nötig haben, jdn. brauchen
indīgnus aliquā rē	unwürdig einer Sache
industria	Fleiß; Tatkraft
īnferior, ius	niedriger; unterlegen
ingenium	Begabung, Talent

īnscrībere, scrīpsī, scrīptum	betiteln
īnstāre, īnstitī	eindringen auf, (be)drängen
īnstituere, stituī, stitūtum	unterrichten, -weisen; beginnen, unternehmen
intelligēns, ntis	einsichtig, verständig
intuērī, intueor, intuitus sum	betrachten, bedenken
invītus	unwillig, gegen jmd.s Willen
iūcundus	angenehm

L

laus, laudis *f.*	Lob
lēnis, e	sanft
libellus	Büchlein
līberālis, e	vornehm, edel
libīdō, dinis *f.*	Lust, Begierde
licentia	Zügellosigkeit, Willkür
lingua	Zunge; Sprache
loculēs, ētis	wohlhabend

M

maeror, ōris *m.*	Trauer
magister, trī *m.*	Lehrer
māiestās, ātis *f.*	Größe, Würde
māiōrēs, um *m.*	Vorfahren
māne *Adv.*	(früh) am Morgen
mātrimōnium	Heirat, Ehe
matrōna	(ehrbare) Frau
mēnsa	Tisch, Tafel
meridiēs, ēī *m.*	Mittag
mētīrī, mētior, mēnsus sum	messen
mīlitāre stīpendium	Kriegsdienst
minimus	der kleinste; sehr klein
minus *Adv.*	weniger
mīrārī, mīror, mīrātus sum	sich wundern
mīrus	erstaunlich; wunderbar
mītis, e	mild, sanft
modestia	Bescheidenheit, Zurückhaltung
modestus	bescheiden
modo … modo	bald … bald
modo *Adv.*	nur
monēre	(er)mahnen
morbus	Krankheit

muliebris, e	weiblich
mulier, eris *f.*	Frau
municipium	Land(-)Stadt

N

ne … quidem	nicht einmal, auch nicht
nec … nec	weder … noch
nec	und nicht, auch nicht, aber nicht
necesse est	es ist nötig
neglegere, lēxī, lectum	vernachlässigen
nepōs, ōtis *m.*	Enkel
nequāquam *Adv.*	in keiner Weise
niger, gra, grum	schwarz
nimis *Adv.*	zu sehr
nix, nivis *f.*	Schnee
nōn sōlum … vērum etiam	nicht nur … sondern auch
nōnnumquam *Adv.*	manchmal
nōvisse	kennen, wissen
nūbere, nūpsī, nūptum + *Dat.*	heiraten *(von der Frau aus gesehen)*
nummus	Münze, Geldstück

O

occidere, cidī, cāsum	untergehen
ōdisse	hassen
odor, ōris *m.*	(Wohl-)Geruch, Duft
offensiō, ōnis *f.*	Anstoß, Ärger(nis)
opīnārī	meinen, vermuten
ōs, ōris *n.*	Mund; Gesicht

P

pānis, is *m.*	Brot
parcere, pepercī + *Dat.*	schonen, Rücksicht nehmen auf
parcus	sparsam; maßvoll
parentēs, (i)um *m.*	Eltern
paternus	väterlich
patī, ior, passus sum	erleiden, erdulden; lassen, zulassen
patientia	Geduld
paulātim *Adv.*	allmählich
paulō *Adv.*	(um) ein wenig
percurrere, (cu)currī, cursum	durchlaufen
perferre, ferō, tulī, lātum	ertragen
perītus	erfahren, kundig
perpeti, ior, pessus sum	ertragen, aushalten

perpetuus	ununterbrochen, beständig
pius	fromm; gewissenhaft; liebevoll
plānē *Adv.*	deutlich, durchaus, wirklich
plērumque *Adv.*	meistens
plūrēs, a, ium	mehrere
plūrimum *Adv.*	am meisten, sehr viel
porticus, ūs *f.*	Säulenhalle
postrīdiē *Adv.*	am folgenden Tag
praeceptor, ōris *f.*	Lehrer
praecipere, iō, cēpī, ceptum	vorschreiben
praeferre, ferō, tulī, lātum	zeigen
praeterīre, eō, iī, itum	übergehen, auslassen
praetermittere, mīsī, missum	übergehen, auslassen
praetūra	Prätur *(Justizverwaltung)*
precārī	bitten
prīmum *Adv.*	zuerst, erstens
probāre	billigen, gut finden
proficīscī, proficīscor, profectus sum	aufbrechen, sich aufmachen
prōpulsāre	zurückschlagen, abwehren
prōvidēre, vīdī, vīsum	vorhersehen
prūdentia	Klugheit
pudor, ōris *m.*	Scham(gefühl), Scheu
puella	Mädchen
pulchritūdō, inis *f.*	Schönheit

Q

quālis, e	wie (beschaffen)
quantus (?)	wie groß (?)
quārē	wodurch, wie
quasi + *Konj.*	wie wenn, als ob
querī, queror, questus sum	klagen
quī?, quae?, quod?	welcher?, welche?, welches? *(Interrogativpronomen)*
quia	weil
quisque, quaeque, quidque/quodque	jeder
quō	wohin; dorthin
quondam *Adv.*	einst
quoniam	weil ja, da ja

R

rārus	selten
recensēre	mustern, (in Gedanken) durchgehen
recitāre	vorlesen
reddere, reddidī, redditum	zurückgeben; machen (zu)
rēicere, iō, iēcī, iēctum	zurück-, abweisen
religiōsus	gottesfürchtig, fromm
remanēre, mānsī	zurückbleiben
reperīre, iō, repperī, repertum	finden
requīrere, quīsīvī, quīsītum	(auf)suchen; (nach)fragen
rogāre aliquem aliquid	jdn. um etw. bitten
rubor, ōris *m.*	(Scham-)Röte

S

sapiēns, ntis	weise
satiāre	(über)sättigen
scelestus	verbrecherisch
senex, is *m.*	alter Mann
sermō, ōnis *m.*	Gespräch, Rede, Sprache
sevēritās, ātis *f.*	Ernst, (Sitten-)Strenge
sīc *Adv.*	so
siccus	trocken; nüchtern; maßvoll
silēre, uī	schweigen
similitūdō, inis *f.*	Ähnlichkeit
simul	sobald
singulāris, e	einzeln, einzigartig
singulī, ae, a	einzeln
societās, ātis *f.*	Bündnis
sōl, is *m.*	Sonne
sōlācium	Trost
solēre, solitus sum	pflegen, gewohnt sein
sollicitus	besorgt
soror, ōris *f.*	Schwester
spatium	Raum; Strecke; Dauer

studiōsus	eifrig, wissbegierig
subicere, iō, iēcī, iectum	unterwerfen
sumptus, ūs *m.*	Kosten, Ausgabe(n)
superior, ius	überlegen
suscipere, iō, cēpī, ceptum	über-, unternehmen

T

tam *Adv.*	so
tamquam *Adv.*	ebenso wie
temperantia	Mäßigung, Selbstbeherrschung
temptāre	versuchen
theātrum	Theater
tot	so viele
tristis, e	traurig; ernst, streng
turpis, e	hässlich

U

umquam *Adv.*	jemals
ūniversus	gesamt, allgemein
uterque, utraque, utrumque	jeder (von beiden)
uxor, ōris *f.*	Ehefrau

V

valē	leb(e) wohl!
valēre	stark/imstande sein; stark/gesund sein
valētūdō, inis *f.*	Gesundheit (szustand); Krankheit
–ve	oder
vēlāre	verhüllen
verēcundia	Scheu, Zurückhaltung; Respekt
vērō	aber
vestis, is *f.*	Kleid(ung)
vīctus, ūs *m.*	Lebensunterhalt, Nahrung
vīnum	Wein
virīlis, e	männlich
vitium	Fehler, Laster
vix *Adv.*	kaum

Verzeichnis der lateinischen Autoren

Caecilius Balbus   Verfasser einer spätantiken Sentenzensammlung.

Catull   Gaius Valerius Catullus; um 87–54 v. Chr., römischer Lyriker aus Verona; bekannt vor allem für seine Liebesgedichte.

Cicero   Marcus Tullius Cicero (106–43 v. Chr.), römischer Politiker, überaus bedeutender Redner und Anwalt. Verfasste Reden, rhetorische, politische und philosophische Schriften.
Außerdem ist ein umfangreicher Briefwechsel erhalten.

Columella   Lucius Iunius Moderatus Columella; aus Spanien stammender Autor (1. Jh. n. Chr.); verfasste u.a. ein Werk über die Landwirtschaft (*De re rustica*).

Livius   Titus Livius (59 v. Chr.–17 n. Chr.); einer der bedeutendsten Geschichtsschreiber der Römer; sein monumentales Werk *Ab urbe condita* (Von der Gründung der Stadt) reicht bis in die eigene Lebenszeit.

Martial   aus Spanien stammender römischer Dichter (um 40–103/104 n. Chr.); bekannt vor allem für seine Epigramme.

Petron   Petronius Arbiter; lebte am Hofe des Kaisers Nero (1. Jh. n. Chr.); Verfasser eines Reise- und Abenteuerromans (*Satyricon*), dessen Kernstück das Gastmahl des Trimalchio (*Cena Trimalchionis*) bildet.

Plinius   Gaius Plinius Caecilius Secundus, Plinius der Jüngere (61/62–112/113 n. Chr.); Anwalt und Staatsmann aus Comum (Oberitalien); seinen Ruhm als Autor verdankt er seinen in essayistischer Form geschriebenen Briefen.

Publilius Syrus   römischer Freigelassener aus Syrien (1. Jh. v. Chr.); verfasste eine Sammlung von Sentenzen.

Seneca   Lucius Annaeus Seneca (um 4 v. Chr.–65 n. Chr.); Redner, Schriftsteller und Philosoph (Stoa); verfasste u.a. moralisch-ethische Schriften, zu denen auch die Briefe an Lucilius gehören (*Epistulae ad Lucilium*).

Tacitus   Publius oder Gaius Cornelius Tacitus (56/57-um 120 n. Chr.); bedeutendster römischer Geschichtsschreiber; in seinen *Annales* behandelt er die Zeit vom Tod des Augustus bis zum Tod des Kaisers Nero.